EDIZIONI FARINELLI | **FILM STUDY PROGRAM**

Io loro e Lara

# FILM STUDY PROGRAM

Io loro e Lara

CHERYL TARANTINO

www.EdizioniFarinelli.com

Edited by Anna Maria Salmeri Pherson

Cover Design by Shannon Reeves

Published by Edizioni Farinelli
20 Sutton Place South
New York, NY 10022
Tel: + 1-212-751-2427
Email: edizioni@mindspring.com
www.edizionifarinelli.com

© Copyright 2012 Edizioni Farinelli. All Rights Reserved.

No part of this publication may be reproduced, stored in a retrieval system, or transmitted, in any form or by any means, electronic, mechanical, photocopying, recording, or otherwise, without the prior written permission of the copyright owner.

ISBN-13: 978-0-9846327-9-4

Printed in the United States of America

CHERYL TARANTINO

Cheryl Tarantino lives and works in Southern California. She is a Lecturer of Italian and French at the University of California Riverside, where she earned her degrees in Language (Italian, French, and Spanish) and Comparative Literature (Italian, French, and Spanish). She is fluent in Italian, French, and Spanish and an avid supporter of using film and music to support instruction.

ACKNOWLEDGEMENTS

I would like to thank my publisher Jean Farinelli for giving me the opportunity to carry out this project, my editor Anna Maria Salmeri Pherson for her gracious assistance, Federico Chiara for his invaluable suggestions, and my family for their continued love, support, and encouragement.

NOTE TO TEACHERS AND STUDENTS

This EF Film Study Program *Io, Loro e Lara* helps students learning Italian to reinforce certain grammatical structures and increase their understanding of the film. Effective use helps students improve their comprehension skills, speaking ability, and cross-cultural awareness.

The text corresponds to seven sequences in the film, each approximately 15 minutes in length. Actual viewing times are indicated in the table of contents and at the beginning of each sequence. For each sequence there are numerous exercises including some that encourage students to discuss and analyze episodes, research cultural content online, and write creatively on related topics.

Students should watch each sequence at least twice without subtitles. Then students should work on the comprehension exercises before viewing the sequence again with subtitles to check their answers. Teachers can assign numerous exercises as homework and review them in class the following day. Many activities invite students to participate actively and engage critically during class through meaningful and authentic discussion, dialogue, and conversation.

The material in this film study text can also be a useful aid for students preparing to take standardized tests in Italian such as SAT II and the Advanced Placement Italian exam.

INDICE

***IO LORO E LARA* INTRODUZIONE**	9
Cast tecnico artistico	9
Biografia di Carlo Verdone	9
-Comprensione	10
-Ricerca su Internet	10
Trama	11
-Grammatica	11
-Discussione in classe	11
Intervista a Carlo Verdone	12
-Comprensione	12

PRIMA SEQUENZA (0:00-17:40)	13
Comprensione	13
Vocabolario	14
Discussione in classe	15
Ricerca e presentazione in classe	16
Grammatica	16
Cultura – *Il caffè*	17
Composizione	18

SECONDA SEQUENZA (17:41-30:55)	19
Comprensione	19
Vocabolario	20
Grammatica	21
Ricerca su Internet	22
Cultura – *La gesticolazione*	23
Discussione in classe	24
Composizione	24

TERZA SEQUENZA (30:56-47:03)	25
Comprensione	25
Vocabolario	27
Grammatica	28
Ricerca e presentazione in classe	28
Discussione in classe	29
Cultura – *Il carnevale*	29
Composizione	30

QUARTA SEQUENZA (47:03-1:04:32)	31
Comprensione	31
Vocabolario	32
Grammatica	33
Discussione in classe	33
Cultura – *La vita notturna e il bel vestire*	34
Ricerca su Internet	35
Composizione	36

QUINTA SEQUENZA (1:04:33-1:19)	37
Comprensione	37
Vocabolario	38
Grammatica	39
Dialogo	40
Cultura – *Il Colosseo e i gladiatori*	40
Ricerca su Internet	41
Composizione	42

SESTA SEQUENZA (1:19-1:32:23)	43
Comprensione	43
Vocabolario	44
Grammatica	45
Analisi	46
Discussione in classe	46
Cultura – *Le professioni*	47
Scrittura	48
SETTIMA SEQUENZA (1:32:24-fine)	49
Comprensione	49
Vocabolario	50
Grammatica	51
Ricerca su Internet	52
Discussione in classe	53
Cultura – *Il cinema a Roma*	53
Scrittura	54
SOLUZIONI	56

IO LORO E LARA INTRODUZIONE

CAST TECNICO ARTISTICO

Regia: Carlo Verdone

Sceneggiatura: Carlo Verdone

Fotografia: Danilo Desideri

Durata: 115'

Interpreti: Carlo Verdone, Laura Chiatti, Angela Finocchiaro, Sergio Fiorentini, Marco Giallini, Anna Bonaiuto

❖❖❖

BIOGRAFIA DI CARLO VERDONE

Carlo Verdone nasce a Roma il 17 novembre 1950. Dopo avere conseguito la laurea in Lettere presso l'università di Roma, si iscrive al Centro Sperimentale di Cinematografia della capitale.

Il cinema ha un ruolo nella vita di Verdone fin dall' infanzia. Suo padre, Mario Verdone, è stato il suo primo insegnante: "Mi portava spesso a vedere dei film, me li spiegava", ricorda Verdone. Questa passione per il cinema congiuntamente ai suoi studi in Lettere, alimentano una passione particolare per la sceneggiatura: "L'università mi è servita per tutti i personaggi che ho reinventato nei loro stereotipi, secondo le regole della commedia latina e delle antiche maschere".

Dopo essersi diplomato al Centro Sperimentale di Cinematografia, Verdone gira due documentari e cerca lavoro come aiuto regista. Nel 1979, gira il suo primo film, *Un sacco bello*. Questo film dà avvio alla sua vorticosa ascesa come regista, attore, e drammaturgo. Nel corso della sua carriera, ottiene premi cinematografici prestigiosi come il David di Donatello per i suoi film *Maledetto il giorno che t'ho incontrato* (1991) e *Perdiamoci di vista* (1993).

I personaggi nei suoi film sono spesso caricature. Lo si nota in *Grande, grosso e Verdone* (2008) e *Italians* (2009). Il primo racconta la storia di tre personaggi: Leo, il candido mammone che deve seppellire sua madre; Callisto, il professore pedante che cerca di fare socializzare suo figlio; e Moreno, un proletario volgare che parte in vacanza trovandosi in una crisi profonda. Il secondo racconta la storia degli italiani all'estero attraverso dei personaggi alquanto macchiettistici. Fortunato, il personaggio principale, trasporta Ferrari rubate negli Emirati Arabi e Giulio, interpretato da Verdone, va in Russia, in vacanza, per approfittare del sesso facile, cercando di riprendersi dalla sua depressione.

In *Io Loro e Lara* Verdone cambia marcia rispetto alle commedie precedenti affidandosi a una narrativa più riflessiva e malinconica. Tramite il personaggio di Carlo e degli altri interpreti principali, Verdone affronta i problemi che secondo lui affliggono la società di oggi, non ultimi l'intolleranza e l'ipocrisia.

A COMPRENSIONE

A1) Rispondi usando frasi complete.

1. Che ruolo ha giocato il padre di Verdone nella sua formazione?

   _____
   _____
   _____

2. Per che genere di film è conosciuto Verdone?

   _____
   _____
   _____

3. Perché *Io Loro e Lara* è diverso dagli altri film di Verdone?

   _____
   _____
   _____

B RICERCA SU INTERNET

B2) Visita www.carloverdone.it e *scopri* le risposte:

1. Passione privata _____
2. Fatica estenuante _____
3. Lato debole _____
4. Detesta _____
5. Ama _____
6. Brano più ascoltato _____
7. 5 Registi _____
8. Film prediletti _____
9. Indispensabili _____
10. Speranza _____

TRAMA

Padre Carlo ritorna a Roma dopo dieci anni trascorsi in Africa come missionario. La ragione del suo ritorno è una crisi spirituale. Il suo capo gli suggerisce di prendersi una pausa laica e di passare un po' di tempo in famiglia. Carlo segue il consiglio e finirà per rendersi conto che l'Africa nonostante tutti i problemi che ci ha incontrato, gli manca davvero molto.

Nel frattempo, Carlo fa la conoscenza di Lara, la figlia dell'amante del padre. La storia diventa più complicata quando l'amante muore e il padre dà la casa a Lara. Beatrice e Luigi, i fratelli di Carlo, pensano che il padre sia stato manipolato e vogliono riprendersi il patrimonio. La via che sceglieranno creerà una serie di malintesi comici.

Dopo aver chiarito il tutto, Carlo e i suoi si alleano a Lara e fanno il possibile per aiutarla a realizzare il suo sogno: riunirsi con il figlio Michael.

A GRAMMATICA

A1) Trasforma i verbi nel passato prossimo o nell'imperfetto.

1. Carlo _____ (ritornare) a Roma.

2. La ragione del ritorno dall'Africa _____ (essere) una crisi spirituale.

3. Il capo di Carlo gli _____ (suggerire) di prendersi una vacanza laica.

4. Stando con la sua famiglia, Carlo _____ (rendersi) conto che preferisce l'Africa.

5. Carlo _____ (conoscere) Lara al funerale di sua madre.

6. La storia _____ (diventare) più complicata.

7. Il padre di Carlo _____ (dare) la casa a Lara.

8. Beatrice e Luigi _____ (pensare) che il padre fosse stato raggirato.

9. Carlo _____ (fare) di tutto per aiutare Lara.

10. Lara _____ (volere) riunirsi con suo figlio.

B DISCUSSIONE IN CLASSE

B2) Nel film, Carlo ritorna in Italia dopo dieci anni trascorsi all'estero. Mettetevi al suo posto e chiedetevi:

1. Che cosa lo colpirà di più?

2. Come sarà ricevuto dai suoi?

3. Come cambierà la sua vita? Cosa rimpiangerà?

4. Come passerà il tempo?

INTERVISTA A CARLO VERDONE[1]

Da dove nasce l'esigenza di raccontare questa storia?

Nasce proprio da una esigenza, da una necessità. Volevo interpretare un prete serio, uno di quelli che lavorano nelle periferie, o nei Paesi stranieri e che non parlano da un pulpito. Tantomeno una macchietta come avevo già fatto in altri miei film. Ma, soprattutto, volevo narrare le vicende di un uomo perbene, in crisi con la fede, che si ritrova a che fare con un occidente completamente dissestato.

Nel film si ride davvero molto ma sono evidenti le meschinità, l'arroganza, l'assoluta mancanza di capacità di ascolto che ci rappresentano. Ci siamo ridotti così?

Purtroppo sì. Etica per me è al momento una parola di avanguardia perché viviamo un momento dove non solo abbiamo perso ogni morale ma anche il senso di civiltà. Quindi mi premeva mettere in scena una persona onesta, coerente, come è Don Carlo, e la scelta che sia un sacerdote non è dovuta a motivi religiosi o bacchettoni ma, al contrario, è una sfida. Perché lui è in crisi nera con la sua scelta ed è interessante che rimanga il personaggio migliore della storia, quello che alla fine riesce con la sua caparbietà e le sue convinzioni a riuscire a fare accettare, ai componenti della sua famiglia e non solo a loro, gli altri. Conosco tante persone e tanti sacerdoti così, preti che dopo due minuti che gli parli, ti dimentichi che vestono un abito talare perché sono uomini normali come tutti noi.

Quest'anno lei ha festeggiato trent'anni di carriera. Com'è andata?

Un miracolo. Ancora oggi mi meraviglio di quello che mi è successo. Credo di avere avuto molto dalla vita. E da ora in poi voglio fare film di questo tipo, anche più coraggiosi. Sempre corali, perché voglio dare molto spazio ai giovani, e sempre da pedinatore degli italiani quale io mi sento.

Che cosa si augura per il prossimo anno?

Che la gente ritrovi il buonsenso nelle cose. Basta tensioni. L'Italia deve cambiare e smetterla di essere una grande violenta riunione condominiale. Vorrei una nuova generazione in grado di cambiare le cose. Un ricambio con giovani preparati e quindi una società meritocratica. Non sarà facile ma, io nel mio piccolo, ce la metterò tutta. Non voglio morire di solo cinema, dopo trent'anni di carriera, voglio recitare accanto agli attori che mi piacciono e raccontare solamente le storie che mi stanno a cuore.

Una definizione di Carlo Verdone da parte del cast?

Anna Bonaiuto: *"Ho recitato di fianco ad un attore vero. Inoltre Verdone per me è l'unico capace di sollevare la comicità romana – che è spesso greve – e farla diventare lieve"*.
Angela Finocchiaro: *"Carlo è un uomo che si preoccupa delle persone, non solo dei suoi attori. E questo è un pregio raro"*.

A COMPRENSIONE

A1) Vero o falso?

1. Verdone vuole raccontare la storia di un prete in crisi con la fede.   **V   F**

2. Verdone pensa che la civiltà sia morta e che la dobbiamo risuscitare.   **V   F**

3. D'ora in poi, Verdone vuole solo realizzare film fatti col cuore.   **V   F**

4. Secondo Verdone, l'Italia è un paese accogliente e tollerante.   **V   F**

---

[1] Nicoletta Gemmi, **Intervista a Carlo Verdone**, testo adattato da www.film.it/film/interviste/intervista-a-carlo-verdone, 30 dicembre 2009. Pubblicato col permesso di FILM.it., NEXTA 2011.

PRIMA SEQUENZA (0:00-17:40)

Il film ci presenta quattro personaggi principali: Carlo, Lara, il padre di Carlo, e Beatrice. Carlo è uno dei protagonisti del film. È un prete romano di ritorno a Roma dopo dieci anni trascorsi in Africa. La ragione del suo ritorno è una crisi religiosa di cui dovrà discutere con il suo capo, Padre Savastano.

Lara è una donna nubile di circa trent'anni. La vediamo in cucina con due ospiti femminili che la stanno interrogando sul suo alloggio, sul suo lavoro, e sulla sua vita intima per determinare il suo stato economico e mentale. Scopriamo che Lara ha sofferto di depressione e che deve convincere queste donne della sua riacquistata sanità mentale e della sua stabilità finanziaria.

Il padre di Carlo appare sorridente, accogliente, e sorpreso di rivedere il figlio. Carlo, a sua volta, è stupito di vedere il padre così cambiato: ha i capelli color mandarino e ha rinnovato l'arredamento. Carlo vorrebbe raccontargli dei suoi problemi e della sua crisi religiosa, ma il padre preferisce parlare della sua vita e della nuova moglie Olga, la badante moldava.

Gli altri personaggi sono Eva, la nipote; Aida, la migliore amica di Eva; e Beatrice, la sorella. Bea è una psichiatra neurotica convinta di sapere tutto. Attacca subito con il suo bel temperamento aggressivo e insiste perché parlino del padre e della moldava che "sta mangiando" tutto il patrimonio. Bea vuole a tutti i costi che vadano a trovare il fratello Luigi, l'unico capace di far luce sugli eventi.

A COMPRENSIONE

A1) Rispondi usando frasi complete.

1. Perché Carlo è ritornato a Roma?

_____
_____
_____

2. Cosa deve fare Lara?

_____
_____
_____

3. Quali cambiamenti sono avvenuti nella vita del padre di Carlo?

_____
_____
_____

4. Beatrice è preoccupata per il padre. Perché?

_____
_____
_____

A2) Chi ha detto queste frasi?

1. _____ Ma guarda tu come sei abbronzato.

2. _____ Io sto attraversando un momento molto, molto complicato.

3. _____ C'è chi la fede la perde e chi invece la trova.

4. _____ Tu figlio prete, vero?

5. _____ Forse non…sono più in grado di ascoltare la voce del Signore.

6. _____ È normale che tu abbia paura di non farcela.

7. _____ Mi interessa solo pensare di trovare un lavoro migliore e anche una casa più decente.

8. _____ Sono diventata Emo.

9. _____ Va bene, là c'è stata una guerra civile, qui c'è un colpo di stato!

10. _____ Nostro padre va seguito!

B VOCABOLARIO

B3) Collega le parole e le espressioni con i loro significati.

1. omettere
2. a rate
3. lavoro a tempo determinato
4. gonfiarsi
5. sciamano
6. alluvione
7. laico
8. lamentarsi
9. sconcertante
10. di colpo

a. ingrassare
b. sconvolgente
c. secolare
d. improvvisamente
e. tralasciare
f. temporaneo
g. pagamento mensile
h. esprimere disappunto
i. stregone
l. inondazione

B4) Scrivi una frase con ognuna delle espressioni indicate. Attenzione ai pronomi!

spassarsela _____
_____

venire al dunque _____
_____

uscire di testa _____
_____

sentirsi un giovanotto _____
_____

rompersi di _____
_____

C DISCUSSIONE IN CLASSE

C5) In piccoli gruppi chiedete e rispondete:

1. È contento Carlo di essere ritornato a vivere con i suoi?
2. Che rapporto esiste fra Carlo e Bea?
3. Il padre di Carlo è veramente innamorato di Olga?
4. Cosa vuol dire essere "Emo"?
5. Cosa rappresenta l'Africa per Carlo?
6. Il rito del caffè negli Stati Uniti è importante tanto quanto in Italia? Che differenze ci sono?

D RICERCA E PRESENTAZIONE IN CLASSE

D6) Presenta almeno 2 di questi monumenti romani.

Il Colosseo	Piazza del Popolo
Il Foro Romano	La Basilica di San Giovanni in Laterano
La Fontana di Trevi	La Fontana del Tritone
Piazza Navona	Piazza di Spagna
Il Pantheon	Le Terme di Diocleziano

E GRAMMATICA

E7) Aggiungi il suffisso –*mente* agli aggettivi e forma gli avverbi.

AGGETTIVO	AVVERBIO	AGGETTIVO	AVVERBIO
involontario		particolare	
affettuoso		sincero	
gentile		finale	
ultimo		tranquillo	
attento		regolare	

E8) Completa le seguenti frasi con uno degli avverbi dell'esercizio precedente.

1. Carlo va a vedere Padre Savastano _____.

2. Carlo pensa _____ ai suoi bimbi in Africa.

3. Padre Savastano interroga Carlo _____.

4. "Stavo dicendo che gli ultimi anni sono stati _____ difficili".

5. "Hai trovato qualcuno che ti interessa, _____".

6. "_____ non ne sento la necessità adesso".

7. "Carlo! _____ sei arrivato!"

8. Noi guardiamo il film _____.

E9) Completa con il passato prossimo.

1. Carlo _____ (ritornare) in Italia dall'Africa.

2. La depressione di Lara _____ (essere) curata.

3. Il padre di Carlo _____ (sposarsi) con una moldava.

4. La nipote di Carlo _____ (diventare) Emo.

5. Tu _____ (visitare) l'Africa?

6. Chi _____ (dovere) dividere la casa perché non aveva i soldi per pagare l'affitto?

7. Noi _____ (ridere) quando _____ (vedere) Olga per la prima volta.

8. Alla fine di questa scena, Carlo e Bea _____ (andare) a trovare il fratello Luigi.

F CULTURA

IL CAFFÈ

È la classica bevanda italiana. Per gli italiani la qualità del caffè e la sua preparazione sono di grande importanza. Molti italiani bevono solo l'espresso.

Esistono tanti tipi di caffè: il cappuccino, il caffelatte, il macchiato, il ristretto, il lungo, e il corretto. Per preparare un cappuccino, bisogna far montare il latte perché si compatti. Il caffelatte, invece, è preparato con il latte riscaldato (non emulsionato) e c'è più latte che caffè. Nel caffè macchiato c'è solo una "macchia" (una piccola quantità) di latte. Tutti e tre si bevono di solito in mattinata (prima delle undici). L'espresso senza latte si beve in qualsiasi momento del giorno. Il ristretto è un espresso molto ridotto e una bevanda tipica dell'Italia. Il caffè lungo è meno denso del ristretto, ma contiene più caffeina. E poi c'è l'espresso corretto a cui viene aggiunta una dose di liquore (grappa, sambuca, cognac, ecc.).

Il ruolo sociale del caffè è molto importante. Spesso gli italiani lo bevono in compagnia quando ricevono ospiti a casa o durante una pausa con i colleghi di lavoro. Mentre si beve il caffè, si fanno due chiacchere. È un momento conviviale per chiacchierare delle cose che ci interessano e per riprendersi prima di rimettersi a lavorare.

Questa "pausa caffè" è spesso presa al bar del vicinato. Di solito, i baristi sono esperti nella preparazione e selezione dei caffè e conoscono i nomi dei loro clienti. La formazione del barista è presa sul serio in Italia e ci sono vari istituti a loro disposizione, incluso l'Istituto Nazionale Espresso Italiano e l'Università del caffè.

Nel film siamo introdotti al rito del caffè tramite i personaggi di Lara e Carlo. Lara riceve due donne a casa sua e offre loro un espresso e in un'altra scena Padre Savastano offre una tazza di caffè a Carlo. In queste due scene l'espresso è preparato in una tipica caffettiera italiana e servito nelle tazzine adatte. L'espresso è bevuto amaro (senza zucchero) e adagio. Un momento comico denuncia lo "snobismo" del caffè quando una delle ospiti di Lara fa una smorfia dopo averlo assaggiato e finisce per lasciarlo. Questo momento incarna un aspetto chiave della degustazione del caffè in Italia: il piacere.

F10) Comprensione – Vero o falso?

1. Gli italiani amano il caffè, soprattutto l'espresso.   V   F
2. La maggior parte degli italiani beve il caffè solo a colazione.   V   F
3. Per gli italiani la qualità del caffè non è molto importante.   V   F
4. Nel caffè macchiato c'è meno latte che nel cappuccino.   V   F
5. In Italia, il caffè si beve per necessità.   V   F
6. Il caffè in Italia è una vera istituzione.   V   F
7. L'espresso va servito nelle tazzine adatte.   V   F
8. Un espresso corretto contiene latte.   V   F
9. La formazione dei baristi in Italia è una cosa seria.   V   F
10. Lara prepara un caffè delizioso.   V   F

G COMPOSIZIONE

G11) Hai mai visitato un altro paese? Descrivi la tua esperienza. Dove sei andato? Con chi? Quanto tempo ci sei stato? Che cosa hai fatto? Quali differenze hai notato tra questo paese e il tuo? Cosa ti ha colpito di più?

_____
_____
_____
_____
_____
_____
_____
_____
_____
_____
_____
_____
_____
_____
_____
_____

SECONDA SEQUENZA (17:41-30:55)

Carlo e Beatrice vanno da Luigi per parlare delle finanze del padre. Provano a convincere Carlo che Olga vuole ammazzare il padre per ereditare tutto il suo patrimonio. Dopo la riunione, Carlo prende l'autobus e incontra per caso Madou, un'amica dell'Africa che lo invita a una festa a casa sua. Allo stesso tempo, Lara è al supermercato a fare la spesa quando all'improvviso vede Felix, un ragazzo che l'ama da tempo e che non vuole rinunciare a lei.

Qualche ora dopo, Carlo incontra il padre e Olga da un concessionario d'auto. Suo padre vuole regalare una macchina alla mogliettina per il suo compleanno. Mentre Olga fa un giro di prova sull'Audi, il padre gli rivela alcuni dettagli della sua vita privata e lui si imbarazza. Carlo pranza con Giulio, un amico prete, e gli racconta i suoi problemi.

A casa, la sera, Carlo si mette a leggere sul letto. Siccome le pareti sono sottili, non può fare a meno di ascoltare il padre e Olga che fanno l'amore. Non riuscendo a concentrarsi, decide di andare dal fratello. Quando arriva, Luigi lo prega di parlare alla sua amica Francesca, che vuole buttarsi dalla finestra. Carlo riesce a convincerla a rientrare. Dopodiché, Francesca e Luigi cominciano a sbaciucchiarsi e Carlo decide di andarsene.

A COMPRENSIONE

A1) Completa il dialogo con le espressioni seguenti.

lascia perdere   la spesa   queste   fregavi   noioso   ossessivo

oddio   mi   sei diventata   una vongola   ancora

Felix: Ciao!

Lara: [1]_____, Felix! T'ho detto che non mi devi più seguire!

Felix: Non ti stavo seguendo. Sto facendo [2]_____. Perché, è proibito?

Lara: Senti, se fai così mi mandi in paranoia. Sei [3]_____, Felix.

Felix: Perché non [4]_____ rispondi più al telefono?

Lara: Perché mi stai addosso come [5]_____ sullo scoglio. Mi fai venire l'ansia.

Felix: [6]_____ dura, Lara. Un po' troppo dura.

Lara: E tu sei [7]_____. Fai sempre la vittima.

Felix: Ho preso la vodka. Facciamo un cenetta russa. Ho visto che ti [8]_____ il caviale...

Lara: T'ho detto di no. [9]_____, per cortesia, eh?

Felix: Scommetto che vedi [10]_____ quello squallido divorziato, eh?

Lara: Ma come ti permetti? ... Non mi devi fare [11]_____ domande, ok? Ok, Felix?

A2) Riordina il dialogo tra Carlo e Olga.

a. _____ **Carlo:** Sì, ma papà ci sale con una scala dentro a 'sta macchina!

b. _____ **Olga:** Ma loro se ne fregano di tuo padre...lo hanno lasciato sempre solo. È un suo diritto di essere contento, o no?

c. _____ **Olga:** Questa è bella. Voglio questa.

d. _____ **Carlo:** Ma no...

e. _____ **Olga:** I tuoi fratelli pensano che io sono venuta a rubare...

f. _____ **Olga:** Anche tu pensi che io voglio soldi, ma io ho chiesto una macchina usata, per risparmiare!

g. _____ **Carlo:** Ma...questa costa quattro volte quell'altra. Ma poi dove andate per Roma con questa macchina?

B VOCABOLARIO

B3) Collega i contrari.

1. colpevole
2. inaccettabile
3. straordinario
4. dinamico
5. pazzia
6. arido
7. celibe

a) sanità
b) fertile
c) sposato
d) accettabile
e) innocente
f) letargico
g) ordinario

B4) Sostituisci le parole in corsivo con quelle della lista.

farlo fuori
chiudere la parentesi
finire in croce

fuori di testa
mollare
dono

1. Beatrice e Luigi pensano che il padre sia *matto*. _____

2. Luigi ha paura di *essere punito*. _____

3. Felix è innamorato di Lara e quindi non ha intenzione di *lasciare perdere*. _____

4. Carlo non ha più voglia di sentire suo padre parlare del passato di Beatrice e vuole *finire l'argomento*. _____

5. Pensi che Olga voglia *ammazzare il padre di Carlo*? _____

6. Per il padre di Carlo, Olga è un *regalo* dal cielo. _____

B5 Aggiungi il suffisso appropriato per genere e numero e forma la parola richiesta secondo il modello.

-ino, -etto, -otto, -uccio indicano piccolo e carino
-one indica grande e/o pesante
-accio, -astro indicano brutto e/o cattivo.

Modello: un piccolo bacio – un bacino

1. una scatola grande e pesante _____

2. un fratello carino _____

3. una parola volgare _____

4. una piccola cena _____

5. un grande piatto _____

6. un film brutto e noioso _____

7. occhi molto grandi _____

8. una brutta giornata _____

C GRAMMATICA

C6) Completa con l'imperativo (con o senza i pronomi).

1. Carlo, _____ (stare) zitto.

2. Luigi, _____ (fargli) vedere i movimenti della carta di credito.

3. Carlo, non _____ (dire) cavolate.

4. Carlo, _____ (farmi) vedere la faccia.

5. Ragazzi, _____ (scendere) e _____ (andarvi) a prendere un caffè.

6. Signorina, _____ (vergognarsi).

7. Giulio, _____ (farmi) stare con gli altri padri.

8. Signori, _____ (avere) pazienza.

9. Carlo, _____ (parlarle) tu!

10. Carlo, _____ (aiutarmi) che finisco in cronaca.

11. Carlo, _____ (darmi) la mano.

12. Francesca, _____ (entrare) dentro!

13. Padre Carlo, _____ (confessarmi)!

14. Amore, _____ (aprire) la bocca e _____ (chiudere) gli occhi.

15. Luigi, _____ (levarlo) quel quadro con quel crocifisso, che non è bello.

C7) Rispondi alle domande con i pronomi di oggetto diretto, indiretto, *ci* o *ne*.

1. Cosa mostra Luigi <u>a Carlo e Beatrice</u>?

_____

2. <u>Quanti</u> soldi ha in banca il padre di Carlo?

_____

3. Perché Lara ha rubato <u>il caviale</u>?

_____

4. Perché Olga e il padre di Carlo sono andati <u>da un concessionario di auto</u>?

_____

5. Olga ha detto <u>la verità</u> <u>a Carlo</u>?

_____

D RICERCA SU INTERNET

D8) Giulio, l'amico di Carlo, loda le sue fettuccine. Ricerca su Internet i piatti tipici della cucina romana e inseriscili nella categoria appropriata.

gli spaghetti alla carbonara	i bucatini all'amatriciana	i carciofi alla giudea
la crostata di ricotta	il saltimbocca alla romana	i maritozzi
i piselli al guanciale	la coda alla vaccinara	i supplì
i vermicelli cacio e pepe	le lumache alla romana	le castagnole
l'abbacchio alla romana	la cicoria	le puntarelle

PRIMI	SECONDI	CONTORNI	DOLCI

E CULTURA

LA GESTICOLAZIONE

Gesticolare ("parlare con le mani") è tipico della cultura italiana. Gli italiani lo fanno per arricchire la conversazione ed esprimersi meglio. Questi gesti cambiano secondo l'intensità dell'emozione e il contesto della situazione.

Si dice che l'origine dei gesti italiani sia legata ai numerosi dialetti e che in passato si comunicava con le mani per capirsi a vicenda. Quindi, i gesti servono a migliorare e a rinforzare i rapporti con gli altri. Inoltre, la gesticolazione per gli italiani è talvolta un codice che li identifica e che li unisce persino all'estero.

La gesticolazione può essere considerata provinciale (o addirittura cafona) in certe situazioni ma in altre è quasi obbligatoria, per esempio durante una partita di calcio o una lite. In questi contesti i gesti esternano le emozioni per cui gli italiani sono famosi: l'entusiasmo per lo sport nazionale e la discussione appassionata.

Alcuni gesti quotidiani sono: 1. tenere la mano aperta con le dita unite e distese e batterla ritmicamente contro il fianco all'altezza dello stomaco. Questo gesto significa "ho fame"; 2. tenere la mano chiusa all'altezza del petto, con tutti i polpastrelli che si toccano, esprime invece "che cosa vuoi?"; e infine 3. appoggiare l'indice alla base dell'occhio tirando leggermente verso il basso, indica "ci siamo intesi".

Nel film vediamo Lara che gesticola davanti a una signora anziana al supermercato. Questa signora la vede rubare e la rimprovera. Per giustificarsi, Lara usa la faccia e le mani per farle capire che è al verde e che non ne è fiera. Vediamo, poi, Carlo che gesticola mentre parla con il padre durante la visita a un concessionario d'auto. Rivela così i suoi sentimenti e la speranza che il padre si lasci il passato alle spalle.

E9) Rispondi alle seguenti domande.

1. Cosa vuol dire "gesticolare"?

2. Perché gesticolano le persone?

3. Qual è l'origine dei gesti italiani?

4. Perché chi gesticola non ha classe?

F DISCUSSIONE IN CLASSE

F10) Descrivi i gesti che fai, farai e non farai mai. Spiega perché.

1. _____
2. _____
3. _____
4. _____
5. _____

G COMPOSIZIONE

G11) Scrivi una lettera sul tema: Qual è il segreto di chi riesce sempre a convincere gli altri? Includi almeno 2 esempi.

_____
_____
_____
_____
_____
_____
_____
_____
_____
_____
_____
_____
_____
_____
_____

TERZA SEQUENZA (30:56-47:03)

Lara è a casa con l'amante quando sente squillare il campanello. Sono le due figlie dell'uomo venute a riprenderselo. Lara si arrabbia con il compagno per averle mentito e lo butta fuori di casa.

Carlo è dalla sorella e vorrebbe confessarle i suoi problemi, ma Bea lo interrompe perché le preme di più parlare delle sue preoccupazioni materne. Si rendono conto che è l'una del mattino e decidono di riparlarne un'altra volta. Stanno per andarsene a letto quando squilla il telefono. È una vicina del padre. C'è un'ambulanza sotto casa di Alberto. Pensando che il padre sia morto, scappano a trovarlo.

Quando arrivano scoprono che in realtà è morta Olga. Al funerale, scopriamo che Lara è la figlia di Olga e che non hanno avuto un rapporto facile. Lara rimpiange di non aver capito meglio la madre e di non averle comunicato il suo amore.

A casa, nel pomeriggio, Carlo aiuta il padre a fare la valigia. Alberto va a Rieti a vivere con la sorella perché non vuole più stare in quella casa senza Olga. Carlo scopre che suo padre ha lasciato la casa a Lara perché è l'unica che ne ha davvero bisogno.

A COMPRENSIONE

A1) Rispondi usando frasi complete.

1. Perché Lara si arrabbia con l'amante?

2. Perché Beatrice interrompe Carlo?

3. Chi è morto?

4. Perché Lara rimpiange la madre?

5. Perché Alberto lascia la casa a Lara?

_____

_____

_____

A2) Riordina cronologicamente gli eventi.

a. Bea e Carlo ricevono una chiamata da una vicina del padre.

b. Alberto e Lara vanno al cimitero.

c. Lara chiede in prestito cento euro per la benzina.

d. Carlo tenta di confessare a Bea i suoi problemi.

e. Lara accompagna Alberto a Rieti.

f. Le figlie dell'amante di Lara suonano il campanello.

g. Bea, Carlo, e Luigi vanno da Alberto.

h. Lara parla di sua madre al funerale.

i. Carlo aiuta suo padre a fare la valigia.

l. Carlo, Beatrice, e Luigi scoprono che Olga è morta.

1.___, 2.___, 3.___, 4.___, 5.___, 6.___, 7.___, 8.___, 9.___, 10.___

A3) Chi dice cosa?

Lara   Alberto   Beatrice   Luigi   Carlo   Eva

1. _____ "Scusa. Tu perché prima mi hai fatto quella domanda su Eva?".

2. _____ "Parli te dei tuoi dubbi, o io dei miei?".

3. _____ "Mamma? Noi andiamo al Tower".

4. _____ "C'è l'ambulanza sotto casa di papà".

5. _____ "L'avete fatta tanto soffrire...con il vostro disprezzo".

6. _____ "Come forse voi sapete...io e mia madre non abbiamo avuto un rapporto facile".

7. _____ "Io avrei voluto far sentire di più il mio amore".

8. _____ "Perché mi sa che da tre fratelli che eravamo siamo diventati quattro".

9. _____ "Io non ci resto in questa casa senza Olga".

10. _____ "Questa è casa tua, sono io l'ospite".

B VOCABOLARIO

B4) Inserisci le seguenti parole ed espressioni.

matta	dignitosa	ostile
saggia	regina	asociale
morbosa	condoglianze	strana
appiccicate	apprezzamento	

1. Beatrice pensa che Eva e Aida siano lesbiche perché sono sempre _____.
2. Secondo Carlo, Eva è _____ perché non parla molto.
3. Beatrice chiede a Carlo se pensa che l'amica di Eva sia _____ e un po' _____.
4. Carlo pensa che Beatrice sia la più _____ della famiglia e anche la più _____.
5. Carlo si arrabbia e Beatrice gli dice di non essere _____.
6. Al funerale, tutti offrono le loro _____.
7. Olga voleva assicurare a sua figlia una vita _____.
8. Secondo Lara, Alberto ha fatto sentire Olga come la _____ della sua casa.
9. Carlo ha fatto un _____ a Lara per il suo discorso in chiesa.

B5) Abbina le espressioni idiomatiche con i loro significati. Tutte hanno in comune la parola occhio.

a) essere brutto o vistoso
b) non potere dormire
c) fantasticare
d) illudere, mistificare
e) guardare di nascosto, senza farsi vedere
f) rapidamente
g) non notare l'evidenza
h) fingere di non vedere
i) costare tanto
l) fra due persone
m) rendersi edotto di una realtà
n) approssimativamente

1. _____ chiudere un occhio
2. _____ costare un occhio della testa
3. _____ sognare ad occhi aperti
4. _____ a occhio e croce
5. _____ avere gli occhi foderati di prosciutto
6. _____ aprire gli occhi
7. _____ essere un pugno nell'occhio
8. _____ guardare con la coda dell'occhio
9. _____ a vista d'occhio
10. _____ non chiudere occhio
11. _____ gettare fumo negli occhi
12. _____ a quattr'occhi

C GRAMMATICA

C6) Commenta le seguenti situazioni usando il futuro di probabilità.

Esempio: *Alberto va a Rieti a vivere con la sorella.* - ***Forse gli mancheranno i suoi figli.***

1. Eva e Aida vanno in discoteca. _____

2. Beatrice è preoccupata per Eva. _____

3. Lara e Carlo abitano insieme. _____

4. Beatrice e Luigi sono molto arrabbiati._____

5. Carlo fa il detective. _____

C7) Completa le seguenti frasi con il condizionale presente o passato.

1. Carlo: "Mi chiedo se non _____(essere) più utile...".

2. Beatrice: "Carlo, _____(potere) essere gay?".

3. Lara: "Mi _____(potere) prestare 100 euro che sto a secco con la benzina".

4. Lara: "Ho perso mia madre troppo presto, le _____(volere) far sentire di più il mio amore".

5. Secondo te, Lara _____(dovere) parlare con sua madre quando era ancora in vita?

D RICERCA E PRESENTAZIONE IN CLASSE

D8) Ricerca su Internet alcune di queste favole e presentale in classe.

Pollicino

Il gatto con gli stivali

Cappuccetto Rosso

Barbablù

La sirenetta

I musicanti di Brema

La puzzola malvagia

Alì Babà e i quaranta ladroni

E DISCUSSIONE IN CLASSE

E9) Quali similarità e differenze trovi tra le favole precedenti e quelle della tua infanzia?

F CULTURA

IL CARNEVALE

Il Carnevale si festeggia prima dell'inizio della Quaresima, quando secondo la tradizione Cattolica non si può mangiare carne. In fatti, la parola "Carnevale" deriva dal latino "carne levare," cioè "levare carne" dalla dieta quotidiana. Il Carnevale si conclude il giorno di martedì grasso, che precede il mercoledì delle ceneri, primo giorno di quaresima.

A Carnevale gli italiani mangiano molti dolci. Alcuni dei più famosi sono gli struffoli, le castagnole, i cenci, e le zeppole. Gli struffoli sono palline di pasta fritte nell'olio e avvolte nel miele caldo. Anche le castagnole sono palline di pasta fritte ma sono ricoperte di zucchero. I cenci hanno la forma di strisce nodate. Sono fritti e spolverati di zucchero. Le zeppole possono essere fritte o fatte al forno. Hanno forma circolare e sono guarnite e farcite di crema pasticciera.

A Carnevale le persone fanno molti scherzi agli amici e si divertono con balli in maschera, danze, e sfilate di carri. Durante le sfilate si lanciano coriandoli e stelle filanti.

Il Carnevale più famoso è quello di Venezia. Attira turisti da ogni parte del mondo. E ogni anno le celebrazioni del Carnevale di Venezia iniziano con il volo dell'Angelo in piazza San Marco. Adulti e bambini indossano costumi originali e divertenti comprati o fatti a mano.

Nel film Carlo ripensa alla sua infanzia quando era mascherato da Brighella, Bea da Colombina, e Luigi da Pantalone. Questi tre personaggi sono famosissimi e hanno le loro origini nella Commedia dell'Arte: Brighella rappresenta il servo saggio e fedele; Colombina è furba e vanitosa e rappresenta la servetta impicciona e pettegola; e Pantalone è la caricatura del mercante del sedicesimo secolo nonché una delle maschere veneziane più conosciute.

F10) Completa le seguenti frasi.

1. Il Carnevale si festeggia _____.

2. Carnevale vuol dire _____.

3. Il Carnevale si conclude_____.

4. I dolci più famosi sono_____.

5. Durante le sfilate_____.

6. Il Carnevale più conosciuto è quello di _____.

7. Le celebrazioni del Carnevale di Venezia iniziano con _____.

8. Molti adulti e bambini indossano _____.

9. Pantalone è _____.

G COMPOSIZIONE

G11) Scegli uno di questi temi:

a) Descrivi come si festeggia il Carnevale negli Stati Uniti. Quali sono le differenze tra la tradizione italiana e quella americana?

b) Scrivi una favola.

QUARTA SEQUENZA (47:03-1:04:32)

Carlo, Beatrice, e Luigi vanno dall'avvocato di famiglia per vedere se possono riprendersi il patrimonio. L'avvocato consiglia loro di indagare e di scoprire se Lara nasconde qualcosa. Beatrice e Luigi affidano a Carlo il ruolo di detective.

La sera, Carlo va alla festa di Madou e si diverte parlando del passato e guardando le foto che avevano fatto insieme in Africa. A una certa ora, Madou gli chiede se la può accompagnare al lavoro. Quando Carlo scopre che il suo lavoro non è legale, cerca di convincerla a cambiare mestiere.

Il giorno dopo, a cena, Carlo e Lara parlano delle loro rispettive vite: Lara della sua infanzia e Carlo delle sue esperienze in Africa. La scena si conclude con Lara e Carlo che se ne vanno in discoteca.

A COMPRENSIONE

A1) Ripensando a ciò che hai visto nella sequenza, completa le seguenti frasi.

1. Carlo, Beatrice, e Luigi vanno dall'avvocato perché...

2. Beatrice e Luigi vogliono che Carlo faccia il detective perché...

3. Carlo si arrabbia con Madou e le sue amiche perché...

4. Carlo ritorna a casa triste perché...

5. Lara ha avuto un'infanzia difficile perché...

6. Carlo vuole convincere Lara che lui è una persona normalissima perché...

A2) Indica se le affermazioni sono vere o false.

1. Alberto ha venduto la casa a Lara. **V F**
2. L'avvocato ha consigliato di fare un'indagine sulla vita di Lara. **V F**
3. A Carlo piace fare il detective. **V F**
4. Carlo conosce Madou da tanto tempo. **V F**
5. Madou e le sue amiche lavorano in discoteca. **V F**

B VOCABOLARIO

B3) Inserisci la parola adatta.

    scatole cinesi   *indagine*   *raggirato*   *casino*

    impugnare   *interdirlo*   *scoprire*

1. Arnaldo: "Potremmo però, volendo, _____ la simulazione. Però sono cause che durano 12 anni, cioè… _____."

2. Beatrice: "Beh, allora bisognerà _____."

3. Arnaldo: "L'unica cosa che vi posso consigliare…è quella di fare una _____. Magari si viene a _____ che questa c'ha che ne so, una situazione strana…".

4. Arnaldo: "Va beh, per intenderci, se, per esempio, ci fosse un appiglio allora potremmo dimostrare che vostro padre è stato _____".

5. Arnaldo: "È…un _____".

B4) Collega i sinonimi.

1. prassi
2. affidamento
3. raggiungere
4. indagine
5. trovarsi bene

a) riunirsi a
b) inchiesta
c) sentirsi a suo agio
d) pratica
e) custodia

B5) Riordina questo dialogo tra Carlo e Lara.

a. _____ **Carlo:** Ti sei trovata bene?

b. _____ **Carlo:** Eh! La prassi.

c. _____ **Lara:** Lei mi veniva a trovare quando poteva, ma…ma io la vedevo pochissimo.

d. _____ **Lara:** Io…sono venuta in Italia con mia madre dalla Moldavia, che ero molto piccola.

e. _____ **Lara:** È chiaro che lei si è trovata di fronte a mille difficoltà, e quindi…alla fine, ha dovuto darmi in affidamento.

f. _____ **Lara:** Mia madre, quando sono nata, ha voluto raggiungere mio padre, un ingegnere italiano che ha conosciuto a Chaul.

g. _____ **Lara:** Io sono cresciuta con una famiglia vicino Perugia.

    1.___, 2.___, 3.___, 4.___, 5.___, 6.___, 7.___

C GRAMMATICA

C6) Completa con il congiuntivo presente.

1. Beatrice e Luigi vogliono che Carlo _____(indagare).

2. Madou e le sue amiche desiderano che Carlo le _____(accompagnare) al lavoro.

3. Carlo insiste perché Madou e le sue amiche _____(cambiare) lavoro.

4. Carlo pensa che Madou e le sue amiche non lo _____(ascoltare).

5. Secondo Carlo, è necessario che Beatrice e Luigi si _____(dare) una calmata.

6. I vicini vogliono che Carlo _____(pagare) per togliere le scritte cubitali sul muro del palazzo.

7. Tu pensi che _____(essere) giusto quello che chiedono i vicini?

8. Carlo: "È veramente frustrante che una ragazza come te _____(avere) ancora quest'immagine trita e ritrita della figura del sacerdote."

C7) Completa le frasi con le preposizioni semplici (a, in, per, di, con) o articolate (al, alla, delle, dall', sul).

1. Beatrice, Luigi, e Carlo vanno _____ avvocato.

2. Carlo decide _____ fare il detective.

3. Carlo va _____ festa di Madou.

4. Quando ritorna _____ casa, Carlo trova Lara addormenta _____ letto.

5. Lara parla _____ telefono _____ il suo ex-amante.

6. Carlo prepara una cenetta _____ Lara.

7. Lara e Carlo parlano _____ loro vite personali.

8. Lara e Carlo vanno _____ discoteca.

D DISCUSSIONE IN CLASSE

D8) In piccoli gruppi o in coppie dialogate su:

1. Che genere di musica preferisci? Sono cambiati i tuoi gusti?
2. Chi è il tuo cantante preferito?
3. Sei mai stato a un concerto? Dove? Quando?
4. Suoni uno strumento musicale? Da quanto tempo?

E CULTURA

LA VITA NOTTURNA E IL BEL VESTIRE

A Roma la vita notturna inizia tardi. I romani vanno a cena fuori verso le ventidue o poco prima e mangiano adagio e con gusto. Non è raro rimanere a tavola fino a mezzanotte. Dopo cena, le scelte sono numerose: si può andare al bar, al teatro, a un concerto o in discoteca.

Quando fa bel tempo, le piazze si trasformano in grandi bar all'aperto. I romani amano frequentare i bar all'aperto con i loro amici per fare due chiacchere, e "farsi vedere". Per questa ragione, è importante vestirsi bene con abiti di buona qualità. Questo non significa indossare Prada o Gucci, ma scegliere materiali e accessori ben abbinati e di qualità. Di solito, le donne preferiscono colori classici con accessori in toni più accesi.

Bisogna vestirsi bene anche per andare a teatro, e i teatri a Roma sono tanti. Quelli più famosi sono il Teatro Sistina, il Teatro Brancaccio e Il Teatro Eliseo che offrono spettacoli di cabaret e musical di grandi autori italiani e stranieri. È d'obbligo l'abito elegante. In generale, le donne indossano vestiti lunghi, neutri e scarpe eleganti con il tacco alto.

Il "dress code" per un concerto, invece, dipende dal tipo di musica. Per un concerto di musica classica, ci si veste in modo sofisticato. Per un concerto rock, si indossano jeans, magliette attillate, e accessori vistosi. A Roma, i grandi eventi rock si svolgono al PalaEur, allo Stadio Olimpico e al nuovo Parco della Musica. Durante l'estate molti concerti sono dal vivo all'aperto. Il primo maggio c'è un concerto gratuito in Piazza San Giovanni, rinomato per l'esibizione di artisti di fama nazionale e internazionale.

Le discoteche romane sono piuttosto movimentate. Aprono verso le 23 e chiudono verso le 4 o le 5 del mattino. L'ambiente, lo stile di musica e come ci si veste cambia da locale a locale.

È importante ricordarsi che gli italiani si distinguono per il loro modo di vestire, che riflette lo status sociale acquisito o ambito.

E9) Comprensione – Vero o falso?

1. La vita notturna a Roma comincia prima di cena.   V   F
2. Per i romani il look non è importante.   V   F
3. Per gli italiani la varietà dei vestiti è importante tanto quanto la qualità.   V   F
4. Ci sono molti teatri famosi a Roma.   V   F
5. Si indossano abiti sportivi per andare all'opera.   V   F
6. Per andare a un concerto rock si indossano completi eleganti.   V   F
7. Il concerto del primo maggio include solo artisti italiani.   V   F
8. Le discoteche aprono alle 23.   V   F
9. Lo status sociale degli italiani è legato al bel vestire.   V   F

F RICERCA SU INTERNET

F10) Ricerca su Internet dati e fatti sull'immigrazione in Italia e completa le seguenti frasi.

1. Il più grande influsso di immigrati in Italia cominciò a partire dagli anni _____.

2. _____ stranieri sono presenti in Italia.

3. Il comune italiano con più cittadini stranieri è _____.

4. Le principali comunità straniere presenti in Italia sono_____,

_____, _____, _____, _____.

5. La maggior parte degli immigrati è di religione _____.

F11) Individua il comune italiano con più cittadini stranieri.

G COMPOSIZIONE

G12) Madou e le sue amiche sono immigrate in Italia per ragioni economiche. Secondo Carlo, sarebbe stato meglio se fossero rimaste in Africa. Perché? Sei d'accordo con Carlo? Quali sono i pro e i contro dell'immigrazione?

QUINTA SEQUENZA (1:04:33-1:19:00)

Carlo va in discoteca con Lara. Lì trova Eva con l'amica Aida. Confuso e stanco, Carlo vuole rientrare a casa.

Una volta a casa, Lara si connette a una chat sexy. Carlo entra nella sua stanza e rimane sorpreso da quello che vede. Ne parla con Beatrice e lei gli ordina di seguire Lara con una macchina fotografica, sperando di sorprenderla e di coinvolgerla in uno scandalo.

Carlo la segue fino al Colosseo. Lara lo scopre e decide di chiamarlo al cellulare per un confronto diretto. Insieme decidono di firmare un contratto nel quale Lara restituisce loro la casa in cambio di un giorno di calore, affetto e allegria.

A COMPRENSIONE

A1) Ripensando a ciò che hai visto nella sequenza, rispondi usando frasi complete.

1. Che cosa stanno cercando i tipi della discoteca?

2. Perché Lara si connette a una chat sexy e fa la guida al Colosseo?

3. Qual è il motivo per cui Lara propone il contratto?

4. Secondo te, Carlo e i suoi fratelli riusciranno a rispettare gli accordi? Perché?

A2) Chi ha detto cosa?

    Lara   *Carlo*   *Luigi*   *Aida*   *Eva*

1. "Che c'hai confetti?". _____

2. "Ti prego, zi', non dire a mamma che ci hai visto qua". _____

3. "O magari io la causa della tua scomunica". _____

4. "Ma che fai con quella parrucca?". _____

5. "Allora, prima ti sbrighi a trovarle 'ste prove e meglio è!". _____

B VOCABOLARIO

B3) Mentre rivedi la sequenza cerca di identificare dal contesto il significato delle seguenti parole.

1. arrotondare _____
2. fidarsi _____
3. mitomane _____
4. incastrare _____
5. sbrigarsi _____
6. impegnarsi _____
7. deragliare _____

B4) Collega gli opposti.

1. decollare
2. spegnere
3. che schifo
4. sgamare
5. fare il punto della situazione
6. giudicare
7. scappare
8. interessarsi

a) rimanere
b) che bello
c) non esprimere il proprio parere
d) atterrare
e) disinteressarsi
f) accendere
g) non trovare
h) restare sul vago, non chiarire

B5) Inserisci alcune delle espressioni precedenti.

1. Beatrice e Luigi vorrebbero _____ Lara.
2. Lara vuole parlare con Carlo al Colosseo e _____.
3. Potresti _____ la luce in cucina?
4. È importante _____ al benessere dei propri simili.
5. Non è bello _____ gli altri dall'alto in basso.
6. _____! Non ci posso credere a una cosa del genere.
7. Non possiamo _____ dalla realtà.
8. Siamo in attesa di _____. Quando atterriamo a Roma ti chiamo.

C GRAMMATICA

C6) Completa usando l'indicativo o il congiuntivo.

1. Perché Eva e Aida non vogliono che Carlo dica a Beatrice che le ha viste in discoteca?

È ovvio che _____

2. "Ma che sono 'sti confetti, 'ste prugne e 'ste paste?".

Penso che_____

3. Cosa vogliono i vicini di casa?

Loro vogliono che Carlo e Lara_____

4. Perché Lara ha mal di testa?

Sono sicuro che_____

5. Qual è il grosso problema di Lara?

Sospetto che _____

6. Lara: "È chiaro che da voi _____(aspettarsi): calore, affetto, e allegria".

7. Ho paura che Lara_____

C7) Completate con la congiunzione appropriata.

senza che   affinché   a meno che...non   benché   a condizione che

1. _____ io studi molto, non capisco ancora tutto.

2. Carlo, Bea, e Luigi firmano il contratto _____ Lara gli restituisca la casa.

3. Lara gli restituisce la casa _____ loro rispettino gli accordi.

4. Eva e Aida sono andate in discoteca _____ Beatrice lo sapesse.

5. Carlo non dice a Beatrice d'aver visto Eva in discoteca _____ Eva e la sua amica non dicano di averlo visto.

C8) Completa le seguenti frasi con i pronomi relativi *che, chi, cui, quello che*.

1. La ragione per _____ Lara si connette alla Chat Sexy è perché ha bisogno di soldi.

2. Carlo: "Questa è la casa di una grande famiglia...una casa dignitosa _____ tu hai profanato con la tua perversione".

3. Lara: "Tu e i tuoi fratelli avete subito giudicato mia madre per _____ non era".

4. Pronto, _____ parla?

D DIALOGO

D9) In coppie elaborate un dialogo fra un turista inesperto e una consumata guida turistica della vostra città. Includete 5 luoghi di interesse e consigli pratici.

E CULTURA

IL COLOSSEO E I GLADIATORI

Per gli antichi romani, gli spettacoli erano molto importanti. Per questa ragione, hanno costruito il Colosseo tra il 72 e l'80 d.C. Si dice che l'origine del nome derivi dalla colossale statua di bronzo dell'imperatore Nerone nelle adiacenze. Una cosa è certa: il Colosseo è una delle meraviglie del mondo.

Il Colosseo era l'anfiteatro più grande dell'epoca, e accoglieva oltre 50.000 spettatori. Gli spettacoli più conosciuti erano i combattimenti dei gladiatori e la caccia con gli animali feroci. Altri spettacoli rappresentati nell'anfiteatro erano le lotte fra animali esotici o fra animali e uomini. Come potete immaginare, questi spettacoli erano spesso sanguinosi e crudeli.

La verità è che gli spettatori romani erano innamorati sia degli spettacoli cruenti che dei gladiatori. Alcuni addirittura pagavano per passare la notte con loro o per ottenere il sangue dei gladiatori, il quale si credeva avesse poteri terapeutici. Per il gladiatore, l'incentivo maggiore era diventare famoso e ottenere la libertà.

La libertà però non era facile e spesso i gladiatori guardavano la morte in faccia. Per questa ragione e per rispetto verso l'imperatore, prima di ogni battaglia, i gladiatori proclamavano: "Ave Cesare morituri te salutant" (Ave, Cesare, coloro che stanno per morire ti salutano).

D'altra parte, non tutti gli spettacoli erano violenti. C'erano anche esibizioni di animali: elefanti che potevano scrivere nella sabbia in latino, pantere che salutavano l'imperatore, e belve che tiravano i carri da corsa.

Nel film, Lara si improvvisa guida turistica per degli anglosassoni che stanno visitando il Colosseo. Questo è un lavoro impegnativo dato che quasi 4 milioni di turisti visitano il Colosseo ogni anno.

E10) Rispondi alle seguenti domande.

1. Quando fu costruito il Colosseo e perché si chiama così?

2. Che spettacoli si svolgevano al Colosseo?

3. Che cosa si potevano aspettare i gladiatori dopo un combattimento?

F RICERCA SU INTERNET

F11) Ricerca su Internet i seguenti personaggi romani e identificali/descrivili con parole tue.

1. Giulio Cesare

___

2. Caligola

___

3. Nerone

___

4. Marco Aurelio

___

5. Spartaco

___

6. Flamma

G COMPOSIZIONE

G12) Rifletti sugli imperatori che hai ricercato. Quali qualità avevano/non avevano?

G13) Immagina di essere un imperatore. Di quale paese saresti imperatore? Cosa faresti? Quale sarebbe la tua filosofia?

SESTA SEQUENZA (1:19-1:32:23)

Tutta la famiglia si prepara per l'incontro con la Dottoressa Elisa Draghi e la Dottoressa Agnello, la sua assistente. Carlo e Luigi cercano invano di montare un mobiletto, Beatrice prepara il pranzo, Eva e Aida dipingono la stanza di Michael, e Lara passa molto tempo a scegliere il completo giusto.

Squilla il campanello ma, invece delle due dottoresse, appaiono Madou e le sue due amiche, che pregano Carlo di nasconderle dai loro inseguitori. Carlo acconsente, ma da questo momento in poi tutto va per il verso sbagliato: il letto a baldacchino di Michael cade sulla testa della dottoressa Agnello, la pasta che Beatrice aveva preparato cade per terra, e la Dottoressa Draghi non solo trova Madou e le sue amiche nascoste in bagno ma scopre anche la cocaina di Luigi. Dopo essere state quasi colpite da alcuni proiettili, la Dottoressa Draghi e la sua assistente decidono di andarsene.

A COMPRENSIONE

A1) Dopo aver rivisto questa sequenza, descrivi:

1. L'appartamento

_____
_____
_____

2. L'atteggiamento di Lara, Carlo, Bea, Lugi, Eva, e Aida

_____
_____
_____

3. La reazione della Dottoressa Draghi alla vista di Carlo

_____
_____
_____

4. L'impressione che la Dottoressa Draghi e la sua assistente hanno di Lara e degli altri

_____
_____
_____

A2) Riordina il dialogo fra Carlo e Elisa.

a. _____ **Elisa:** A mio marito.

b. _____ **Carlo:** Mi dispiace veramente tanto.

c. _____ **Carlo:** Che è?

d. _____ **Carlo:** Ma veramente? Di che cosa?

e. _____ **Carlo:** Un giorno mi presenterà il mio sosia.

f. _____ **Carlo:** Cosa?

g. _____ **Elisa:** Un infarto…stava giocando a tennis. Era un grandissimo sportivo.

h. _____ **Carlo:** A chi?

i. _____ **Elisa:** È incredibile. E infatti è stato uno choc.

l. _____ **Elisa:** Io glielo devo dire.

m. _____ **Carlo:** È incredibile.

n. _____ **Elisa:** È mancato due anni fa.

o. _____ **Elisa:** Appena l'ho vista…E prima ero imbarazzata perché c'erano gli altri. Ma lei è…è identico…

1.___, 2.___, 3.___, 4.___, 5.___, 6.___, 7.___, 8.___, 9.___, 10.___, 11.___, 12.___, 13.___

B VOCABOLARIO

B3) Cerca l'intruso.

1. macello, follia, pasticcio, ordine
2. scombinare, sistemare, gestire, organizzare
3. storcere, curvare, raddrizzare, piegare
4. lavorare, staff, impiegato, vacanza
5. falegname, scultore, filosofo, idraulico

B4) Collega i sinonimi.

1. polemico   a) carattere

2. tempra   b) asimmetriche

3. sbilenche   c) realizzare

4. inseguire   d) pasciuto

5. accorgersi   e) gli piace argomentare

6. sosia   f) rincorrere qualcuno/qualcosa

7. nutrito   g) clone

B5) Cerca di capire il significato delle seguenti espressioni dialettali.

Luigi: O te *magni* '*sta* minestra o [te butti dalla finestra]...

Eva: *Zi'* noi abbiamo quasi finito. Portate '*sto* mobiletto.

Luigi: Ragazze, ma le righe sono tutte sbilenche, è una *pecionata*...

Eva: Zi', avevate sbagliato tutte le viti. *Manco* una era giusta.

Luigi: *Ennamo!*

Il Protettore: *Famo* come dice lui, andiamocene

1. magni = _____

2. 'sta = _____

3. zi' = _____

4. 'sto = _____

5. pecionata = _____

6. manco = _____

7. ennamo = _____

8. famo = _____

C GRAMMATICA

C6) Usa *di* oppure *a* e poi rispondi alle domande.

1. Carlo e Luigi si sono divertiti _____ mettere insieme il mobiletto?
_____

2. Riesci _____ capire tutto quello che dicono in italiano?
_____

3. Secondo te, la Dott.ssa Draghi deciderà _____ dare a Lara la custodia di suo figlio Michael?
_____

4. Lara ha chiesto a tutti _____ essere loro stessi?
_____

5. Come andrà _____ finire la storia fra Madou, le sue amiche, e i loro inseguitori?
_____

C7) Completa con l'imperfetto e il passato prossimo dei verbi tra parentesi.

Tutti sono seduti a tavola. Madou e le sue due amiche [1] _____ (servire) i piatti mentre gli altri [2] _____ (discutere). Durante il pranzo, Lara [3]_____ (scusarsi) per l'incidente e la dottoressa Agnello [4] _____ (rispondere): [5]_____ (potere) andare molto peggio". La dottoressa Draghi aggiunge, "Io vi devo confessare che [6] _____ (rimanere) molto sorpresa della vostra disponibilità nei confronti di Lara e Michael". Procede facendo complimenti anche per l'aiuto domestico. Carlo spiega sottovoce che le [7] _____ (togliere) dalla strada, ma la dottoressa Draghi non lo capisce. Per chiarire le cose, una della donne africane spiega, "dice che prima [8]_____ (fare) le puttane e adesso facciamo le cameriere". Carlo si mette in imbarazzo e ribatte, "Ma non c' [9] _____ (essere) bisogno di dirlo". Cambiando soggetto, la dottoressa Draghi gli fa delle domande, volendo assicurarsi che loro siano pronti per ricevere Michael nelle loro vite, "Ci [10] _____ (pensare)? Sarà una situazione nuova: l'arrivo di un bambino di 5 anni...".

D ANALISI

D8) Analizza il dialogo tra la Dottoressa Draghi e gli altri a tavola. Elenca le espressioni che Carlo, Beatrice, e Luigi usano per convincerla che sono pronti a ricevere Michael.

CARLO	BEATRICE	LUIGI

E DISCUSSIONE IN CLASSE

E9) Alla fine di questa scena, Carlo dice "da un male può nascere un bene." Cosa vuol dire Carlo? Avete mai vissuto un'esperienza simile? Discutetene in piccoli gruppi.

F CULTURA

LE PROFESSIONI

In questa sequenza si menzionano svariate professioni: il falegname, il prete, il broker e lo psicologo.

Carlo e Luigi cercano di montare un mobiletto. Sconfitti e frustrati, finiranno per chiamare un falegname. In Italia, la professione del falegname è presa sul serio. Ci sono istituti tecnici e "scuole del legno". Queste ultime si trovano soprattutto nelle zone montuose. Durante la formazione, si impara a lavorare il legno: creare mobili, oggetti di arredamento e d'arte.

Durante il pranzo, Beatrice rivela agli invitati che Carlo è missionario in Africa. Per diventare missionario è spesso necessario ricevere il Santo Sacerdozio, ma per diventare prete è un po' più complicato: bisogna avere la vocazione, avere ricevuto tutti i più importanti sacramenti (battesimo, comunione e cresima), essere raccomandato al Vescovo da un parroco, entrare in seminario, e ottenere la laurea in teologia.

La Dottoressa Draghi chiede a Luigi cosa fa di lavoro. Lui risponde che lavora in borsa. Per lavorare in questo campo, in Italia, alcuni studiano ragioneria alle superiori, ma quasi tutti poi si laureano in economia all'università. Esistono diversi corsi di laurea in economia fra i quali economia e commercio, economia aziendale, banca, finanza e mercati finanziari e scienze economiche.

Il mestiere dello psicologo è rappresentato da Beatrice e dalla dottoressa Draghi. Per diventare uno psicologo in Italia occorre laurearsi in psicologia. Per ottenere questa laurea sono necessari cinque anni di università seguiti da un esame di stato, un tirocinio post-laurea di un anno, e un'iscrizione all'Albo professionale di una regione o provincia italiana. Culturalmente, gli italiani sono spesso diffidenti nei confronti dello psicologo e lo considerano ancora come uno "strizzacervelli". Secondo molti, andare dallo psicologo significa "essere matti". Per paura di questo stigma sociale, la maggior parte degli italiani preferisce cavarsela con i propri mezzi: letture, amici, esercizio fisico, passatempi, meditazione e yoga.

F10) Rispondi alle seguenti domande.

1. Secondo te, quali sono le qualità più importanti per un falegname? Un prete? Un broker? Uno psicologo?

2. Come viene considerato lo psicologo negli Stati Uniti? Esiste lo stesso stigma sociale?

3. Delle professioni sopra citate, quale preferiresti svolgere? Perché? Quale sarebbe la tua professione ideale?

G SCRITTURA

G11) Immagina di dover organizzare una cena tutta italiana per degli invitati importanti. Cosa prepari, compri e cucini?

Attività

1. _____
2. _____
3. _____
4. _____
5. _____
6. _____
7. _____
8. _____
9. _____
10. _____

Menu

Antipasto: _____

Primo: _____

Secondo: _____

Contorno: _____

Dolce: _____

SETTIMA SEQUENZA (1:32:24-fine)

Lara, Carlo, Beatrice, e Luigi si riuniscono al Colosseo per trovare un rimedio alla situazione precaria in cui si trova Lara. Carlo va da Elisa, la psicologa, per convincerla che quello che è successo a casa loro è stato un evento eccezionale e che non succederà mai più. Elisa è di nuovo così colpita dalla somiglianza di Carlo con suo marito che finisce per baciarlo. Carlo a questo punto scappa ed Elisa lo rincorre.

Il giorno dopo, Carlo ritorna in Africa con Madou e le sue amiche africane.

Nell'ultima scena del film vediamo Carlo che parla con i suoi tramite *Skype*. Il collegamento si perde ma non prima che tutti si augurino Buon Natale.

A COMPRENSIONE

A1) Ripensando a quello che hai visto nella sequenza, completa le seguenti frasi.

1. Lara è triste perché...

2. Elisa è attratta da Carlo perché...

3. Carlo se ne ritorna in Africa perché...

4. Madou e le sue amiche sono ritornate in Africa e...

5. Michael è eccitato perché...

6. La sorpresa di Natale è...

7. Eva e Aida sono...

8. Alla fine del film, tutti...

B VOCABOLARIO

B2) Completa con le espressioni qui sotto elencate.

scusami   idonea   aspetta   basta   non è giusto   identico

segregato   follia   mi devi dire   mi ha preso proprio alla sprovvista

ho perso il controllo   zompata   nessuno   allora

Elisa: [1]_____. Scusa... [2]_____.

Carlo: Ma una psicologa che molesta sessualmente un sacerdote, come fa a stabilire se una famiglia è [3]_____ oppure no? Tu [4]_____ come fa!

Elisa: Ssh!

Carlo: Ma non c'è [5]_____, sono le 11. 8 ore m'hai [6]_____ in quell'ufficio.

Elisa: [7]_____, io ho sbagliato, però [8]_____ giudicare la mia integrità professionale...

Carlo: Ma mi sei [9]_____ addosso!

Elisa: Ma sei [10]_____ a Giorgio!

Carlo: Ma [11]_____ con questo Giorgio! È una [12]_____, un'ossessione!

Elisa: Ma devi capire che questa somiglianza [13]_____!

Carlo: [14]_____, diciamo che anche la pallottola che è entrata dentro casa ci ha preso alla sprovvista. Va bene? Perché è così.

B3) Collega i sinonimi.

1. denunciare
2. fascino
3. che fine ha fatto
4. rimediare
5. artefice
6. essere la mina vagante
7. robusto
8. smontare
9. sfiorarsi
10. figurati

a. creatore
b. imprevedibile
c. accusare
d. non c'è di che
e. leganza
f. toccarsi appena
g. scomporre
h. cosa gli è successo
i. rimettere a posto
l. corpulento

C GRAMMATICA

C4) Completa le frasi con gli indefiniti.

alcuni   nessuno   niente   ogni   ognuno

qualche   qualcosa   qualcuno   qualsiasi   parecchi

1. Carlo almeno ha fatto _____ per migliorare la situazione.

2. Beatrice è convinta e non vuole dare retta a _____.

3. Lara pensa a Michael _____ giorno.

4. Una persona tirchia vuole tenere tutto e non dare via _____.

5. Michael riceve _____ regali per Natale.

6. In una famiglia, _____ fa la propria parte.

7. È caduta la linea solo _____ minuti fa.

8. _____ dovrebbe apparecchiare la tavola.

9. Elisa vuole _____ prova che Lara ha una vita meno precaria e più tranquilla.

10. _____ cosa fai, falla con integrità.

C5) Completa le seguenti frasi ipotetiche.

1. Lara non sarebbe triste se...

_____

2. Se Carlo non avesse parlato con Elisa....

_____

3. Se Lara non avesse avuto una depressione...

_____

4. Michael non sarebbe con sua madre se...

_____

5. Se Madou e le sue amiche non conoscessero Carlo...

_____

6. Se Bea e Luigi ascoltassero il padre...

_____

7. Noi saremmo contenti se...

_____

D RICERCA SU INTERNET

D6) Ricerca i seguenti registi italiani e identificali con parole tue.

1. Fellini

2. Pasolini

3. Tornatore

4. Moretti

5. Salvatores

E DISCUSSIONE IN CLASSE

E7) In piccoli gruppi chiedete e rispondete:

1. Cosa ne pensi del film? Ti è piaciuto? Perché?

2. Qual è il tuo film preferito? Chi è il regista? Chi sono i protagonisti principali?

3. Puoi paragonare *Io Loro e Lara* con un film americano? Quali sono le differenze/similitudini?

F CULTURA

IL CINEMA A ROMA

Roma è un prestigioso centro di cinematografia. Dopo il successo del film *La Dolce Vita* di Federico Fellini, che fu girato a Roma nel 1960, tutti i grandi registi italiani vengono a Roma per realizzare i loro sogni cinematografici. In poche parole, Roma è la Hollywood italiana.

Ogni autunno si organizza a Roma il Festival Internazionale del Film. Questo festival attira registi, sceneggiatori, attori, e star di fama internazionale. È un evento molto importante nel mondo del cinema, l'equivalente del TriBeCa Film Festival di New York.

Il Festival Internazionale del Film di Roma si svolge all'Auditorium Parco della Musica e si articola in sei sezioni principali: anteprime, omaggi, competizione, l'altro cinema, *Alice nella città*, e il mercato cinematografico. Le anteprime europee e internazionali sono il fulcro delle serate di gala che danno inizio alle celebrazioni. Dopo vengono gli omaggi ai più grandi attori di fama internazionale e la selezione di quattordici opere originali. Il premio per l'opera vincitrice è di 200.000 Euro. L'altro cinema, come il nome suggerisce, mette in rilievo altri ambiti come la televisione, il videogioco, e il videoclip. Di interesse particolare per i bambini e gli adolescenti è *Alice nella città*, una sezione che mostra anteprime dedicate ai giovani. Durante gli ultimi cinque giorni del Festival, si svolge il mercato cinematografico. Questo mercato offre la possibilità a compratori e venditori di diritti cinematografici di riunirsi e concludere affari.

Oggi, grazie alla tecnologia digitale, il cinema indipendente a Roma fiorisce. I giovani cineasti possono distribuire i loro film su Internet o su DVD, riducendo i costi e ampliando la distribuzione.

F8) Rispondi alle seguenti domande.

1. Cosa vuol dire: "Roma è la Hollywood italiana?".

_____

_____

_____

2. Quando si svolge il Festival Internazionale del Film di Roma?

_____

_____

_____

3. Quale sezione del Festival pensi che ti interesserebbe di più e perché?

_____
_____
_____

4. Sei pro o contro i film digitali?

_____
_____
_____

G SCRITTURA

G9) Immagina che devi fare il remake americano di *Io loro e Lara*. A quali attori americani assegneresti le parti principali? Dove gireresti il film? Quali canzoni sceglieresti per la colonna sonora? Cosa cambieresti /aggiungeresti/toglieresti?

PROTAGONISTA ITALIANO	ATTORE AMERICANO
Carlo	
Lara	
Beatrice	
Lugi	
Alberto	
Elisa	

Luogo: _____

Colonna sonora:

1.

2.

3.

4.

5.

Cosa cambieresti:

_____
_____
_____
_____
_____
_____
_____
_____
_____
_____
_____

Cosa aggiungeresti:

_____
_____
_____
_____
_____
_____
_____

Cosa toglieresti:

_____
_____
_____
_____
_____
_____
_____

SOLUZIONI

BIOGRAFIA DI CARLO VERDONE

A1) 1. Suo padre è stato il suo primo insegnante. Lo portava a vedere i film e glieli spiegava.
2. Verdone è conosciuto per le sue commedie macchiettistiche. **3.** *Io Loro e Lara* è una narrativa più riflessiva e malinconica.

B2) 1. Studiare Medicina e Farmacologia; **2.** Rincorrere la Fede; **3.** L'agorafobia; **4.** I colleghi intellettuali **5.** Tutti coloro che gli insegnano qualcosa di profondo e positivo e la saggezza popolare; **6.** "Round the Bend" di Beck, "Big Louise" di Scott Walker, "Ghost Song" dei Doors; **7.** Fellini, Kubrick, Frank Capra, Sam Mendes e Paolo Sorrentino; **8.** Tutto Fellini fino a "Prova d'Orchestra"; **9.** L'Ipod, la macchina fotografica, il computer, le mele cotte e la marmellata di fragole; **10.** Che l'Italia la smetta di vivere la commedia all'Italiana.

TRAMA

A1) 1. è ritornato; **2.** era; **3.** ha suggerito; **4.** si è reso; **5.** ha conosciuto; **6.** è diventata; **7.** ha dato; **8.** pensavano; **9.** ha fatto; **10.** voleva

INTERVISTA A CARLO VERDONE

A1) 1. V; **2.** V; **3.** V; **4.** F

PRIMA SEQUENZA

A1) 1. Carlo è ritornato a Roma per una crisi spirituale. **2.** Lara deve convincere le sue due ospiti della sua riacquistata sanità mentale e stabilità finanziaria. **3.** Il padre di Carlo ha cambiato il colore dei capelli, ha rinnovato l'arredamento, è sposato. **4.** Beatrice è preoccupata per suo padre perché pensa che lui abbia perso la testa.

A2) 1. Alberto; **2.** Carlo; **3.** Alberto; **4.** Olga; **5.** Carlo; **6.** Padre Savastano; **7.** Lara; **8.** Eva; **9.** Beatrice; **10.** Beatrice

B3) 1. e; **2.** g; **3.** f; **4.** a; **5.** i; **6.** l; **7.** c; **8.** h; **9.** b; **10.** d

E7) involontariamente – affettuosamente – gentilmente – ultimamente – attentamente – particolarmente – sinceramente – finalmente – tranquillamente – regolarmente

E8) 1. involontariamente; **2.** regolarmente; **3.** gentilmente; **4.** particolarmente; **5.** ultimamente; **6.** sinceramente; **7.** finalmente; **8.** attentamente

E9) 1. è ritornato; **2.** è stata; **3.** si è sposato; **4.** è diventata; **5.** hai visitato; **6.** ha dovuto; **7.** abbiamo riso, abbiamo visto; **8.** sono andati

F10) 1. V; **2.** F; **3.** F; **4.** V; **5.** F; **6.** V; **7.** V; **8.** F; **9.** V; **10.** F

SECONDA SEQUENZA

A1) 1. oddio; **2.** la spesa; **3.** ossessivo; **4.** mi; **5.** una vongola; **6.** sei diventata; **7.** noioso; **8.** fregavi; **9.** lascia perdere; **10.** ancora; **11.** queste

A2) 1. c; **2.** g; **3.** f; **4.** a; **5.** e; **6.** d; **7.** b

B3) 1. e; **2.** d; **3.** g; **4.** f; **5.** a; **6.** b; **7.** c

B4) 1. fuori di testa; **2.** finire in croce; **3.** mollare; **4.** chiudere la parentesi; **5.** farlo fuori; **6.** dono

B5) 1. scatolona; **2.** fratellino, fratelluccio; **3.** parolaccia; **4.** cenetta; **5.** piattone; **6.** filmaccio; **7.** occhioni; **8.** giornataccia

C6) 1. sta'; **2.** fagli; **3.** dire; **4.** fammi; **5.** scendete, andatevi; **6.** si vergogni; **7.** fammi; **8.** abbiate; **9.** parlale; **10.** aiutami; **11.** dammi; **12.** entra; **13.** confessami; **14.** apri, chiudi; **15.** levalo

C7) 1. Luigi mostra loro le finanze del padre. **2.** Ne ha molti. **3.** L'ha rubato perché è al verde. **4.** Ci sono andati perché Alberto vuole regalare una macchina a Olga. **5.** Sì, gliel'ha detta.

D8) Primi: gli spaghetti alla carbonara, i vermicelli cacio e pepe, i bucatini all'amatriciana;
Secondi: le lumache alla romana, l'abbacchio alla romana, il saltimbocca alla romana, la coda alla vaccinara; **Contorni:** la cicoria, i carciofi alla giudea, le puntarelle; i piselli al guanciale
Dolci: la crostata di ricotta, i maritozzi, i supplì, le castagnole

E9) 1. "Gesticolare" vuol dire "parlare con le mani". **2.** Gli italiani gesticolano per arricchire la conversazione, esprimersi meglio e rinforzare i rapporti con gli altri. **3.** Si dice che l'origine dei gesti italiani sia legata ai numerosi dialetti italiani. **4.** Chi gesticola non ha classe perché spesso la gesticolazione è considerata provinciale (o addirittura cafona).

TERZA SEQUENZA

A1) 1. Lara si arrabbia con l'amante per averle mentito. **2.** Beatrice interrompe Carlo perché le preme più parlare delle sue preoccupazioni materne. **3.** Olga. **4.** Lara rimpiange la madre per non averla capita meglio e non averle comunicato il suo amore. **5.** Alberto lascia la casa a Lara perché è l'unica che ne ha bisogno.

A2) 1. f; **2.** d; **3.** a; **4.** g; **5.** l; **6.** h; **7.** b; **8.** i; **9.** c; **10.** e

A3) 1. Beatrice; **2.** Carlo; **3.** Eva; **4.** Beatrice; **5.** Alberto; **6.** Lara; **7.** Lara; **8.** Luigi; **9.** Alberto; **10.** Lara

B4) 1. appiccicate; 2. asociale; 3. strana, morbosa; 4. matta, saggia 5. ostile; 6. condoglianze; 7. dignitosa; 8. regina; 9. apprezzamento
B5) 1. h; 2. i; 3. c; 4. n; 5. g; 6. m; 7. a; 8. e; 9. f; 10. b; 11. d; 12. l
C7) 1. sarei; 2. potrebbero; 3. potresti; 4. avrei voluto; 5. avrebbe dovuto
F10) 1. prima dell'inizio della Quaresima; 2. "carne levare"; 3. il giorno di martedì grasso; 4. gli struffoli, le castagnole, i cenci e le zeppole; 5. si lanciano coriandoli e stelle filanti; 6. Venezia; 7. il volo dell'Angelo in piazza San Marco; 8. costumi originali e divertenti comprati o fatti a mano; 9. La caricatura del mercante tipico del sedicesimo secolo e una delle maschere veneziane più famose

QUARTA SEQUENZA

A2) 1. F; 2. V; 3. F; 4. V; 5. F
B3) 1. impugnare, scatole cinesi; 2. interdirlo; 3. indagine; scoprire; 4. raggirato; 5. casino
B4) 1. d; 2. e; 3. a; 4. b; 5. c
B5) 1. d; 2. f; 3. b; 4. e; 5. g; 6. a; 7. c
C6) 1. indaghi; 2. accompagni; 3. cambino; 4. ascoltino; 5. diano; 6. paghi 7. sia; 8. abbia
C7) 1. dall'; 2. di; 3. alla; 4. a, sul; 5. al, con; 6. per; 7. delle; 8. in
E9) 1. F; 2. F; 3. F; 4. V; 5. F; 6. F; 7. F; 8. V; 9. V
F10) 1. Settanta; 2. 4.563.000; 3. Roma; 4. albanese, marocchina, cinese e ucraina; 5. cristiana
F11) Roma

QUINTA SEQUENZA

A1) 1. Stanno cercando la droga. 2. Lara lo fa per arrotondare. 3. Lara lo propone per provare che non gliene frega niente dei soldi e che può mantenere suo figlio. 4. answers will vary
A2) 1. Aida; 2. Eva; 3. Lara; 4. Carlo; 5. Beatrice; 6. Luigi
B4) 1. d; 2. f; 3. b; 4. g; 5. h; 6. c; 7. a; 8. e
B5) 1, sgamare; 2. fare il punto della situazione; 3. spegnere; 4. interessarsi; 5. giudicare; 6. che schifo; 7. scappare; 8. decollare
C6) 1. non vogliono che Beatrice lo sappia; 2. siano delle droghe; 3. paghino per togliere le scritte cubitali; 4. è perché ha bevuto troppo; 5. sia la mancanza di una vita stabile; 6. mi aspetto; 7. non riesca a realizzare il suo sogno
C7) 1. benché; 2. affinché; 3. a condizione che; 4. senza che; 5. a meno che
C8) 1. cui; 2. che; 3. quello che; 4. chi
E10) 1. Il Colosseo fu costruito tra il 72 e 80 d.C. Si dice che debba il suo nome alla colossale statua di bronzo dell'imperatore Nerone nelle adiacenze. 2. Gli spettacoli erano i combattimenti dei gladiatori, la caccia con gli animali feroci, le lotte fra animali esotici o fra animali e uomini, e le esibizioni di animali. 3. I gladiatori si potevano aspettare la fama, la libertà, o la morte.

SESTA SEQUENZA

A2) 1. c; 2. l; 3. f; 4. o; 5. h; 6. a; 7. m; 8. i; 9. e; 10. n; 11. d; 12. g; 13. b
B3) 1. ordine; 2. scombinare; 3. raddrizzare; 4. vacanza; 5. filosofo
B4) 1. e; 2. a; 3. b; 4. f; 5. c; 6. g; 7. d
B5) 1. mangi; 2. questa; 3. zio; 4. questo; 5. lavoro mal fatto; 6. neanche; 7. andiamo; 8. facciamo
C6) 1. A; Non si sono divertiti; 2. A; Non ci riesco; 3. Di; La dott.ssa gliela darà; 4. Di; Gli ha chiesto di essere accoglienti, affettuosi, e allegri; 5. A; Finirà bene.
C7) 1. servivano; 2. discutevano; 3. si è scusata; 4. ha risposto; 5. poteva; 6. sono rimasta; 7. ha tolte; 8. facevamo; 9. era; 10. avete pensato
D8) **Carlo:** siamo ricchi di motivazioni, poi a noi questa casa non serve, l'idea che Lara possa esser qui con suo figlio non può che farci strafelici; **Beatrice:** in questo momento della mia vita avere in casa un bambino di 5 anni non può che farmi felice; **Luigi:** siamo pronti a fare qualsiasi cosa per Lara perché si ricongiunga col figlio

SETTIMA SEQUENZA

A1) 1. pensa che non potrà rivedere mai più suo figlio; 2. assomiglia al marito; 3. si rende conto che gli manca tanto; 4. si sono messe in proprio; 5. è il suo primo Natale con la madre; 6. la nuova fidanzata di Alberto; 7. Manga[2]; 8. sono contenti
B2) 1. aspetta; 2. ho perso il controllo; 3. idonea; 4. mi devi dire; 5. nessuno; 6. segregato; 7. scusami; 8. non è giusto; 9. zompata; 10. identico; 11. basta; 12. follia; 13. mi ha preso proprio alla sprovvista; 14. allora
B3) 1. c; 2. e; 3. h; 4. i; 5. a; 6. b; 7. l; 8. g; 9. f; 10. d
C4) 1. qualcosa; 2. nessuno; 3. ogni; 4. niente; 5. parecchi; 6. ognuno; 7. alcuni; 8. qualcuno; 9. qualche; 10. qualsiasi
F8) 1. Roma è un centro cinematografico importante per l'Italia come Hollywood lo è per gli Stati Uniti. 2. Il Festival si svolge in autunno all'Auditorium Parco della Musica. 3. answer will vary; 4. answer will vary

---

[2] Il termine *manga* indica i fumetti giapponesi. Il fenomeno manga in Italia iniziò negli anni novanta ed è in continua espansione.

LISTENING AND COMPREHENSION

FILM STUDY PROGRAM

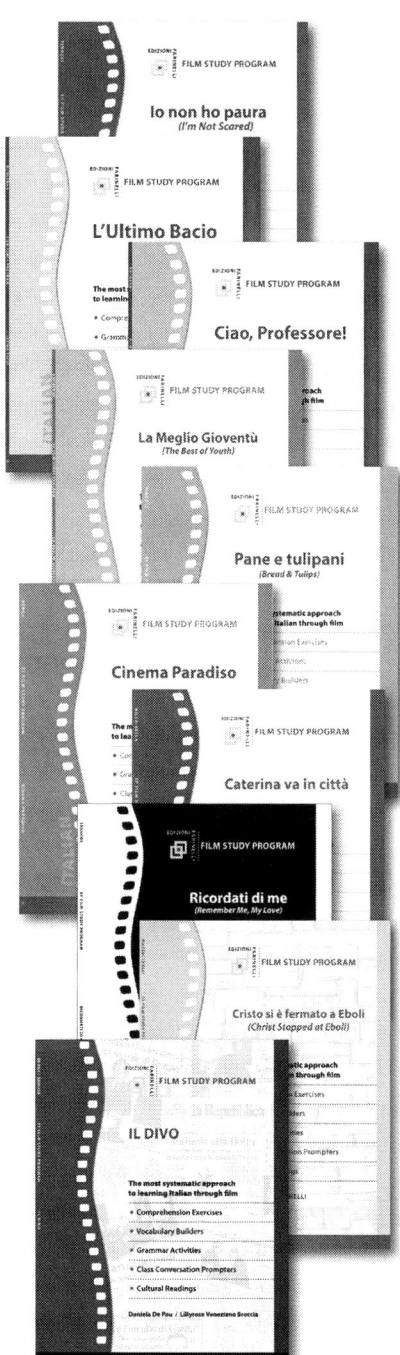

Buongiorno, notte
ISBN 978-0-9824845-6-2
Caterina va in città
ISBN 978-0-9795031-3-9
Ciao, Professore!
ISBN 978-0-9786016-0-7
Cinema Paradiso
ISBN 978-0-9786016-8-3
Cristo si è fermato a Eboli
ISBN 978-0-9795031-7-7
Giorni e nuvole
ISBN 978-0-9795031-9-1
Il divo
ISBN 978-0-9846327-1-8
Il postino
ISBN 978-0-9795031-8-4
Io non ho paura
ISBN 978-0-9795031-0-8
La meglio gioventù
ISBN 978-0-9786016-2-1
La vita è bella
ISBN 978-0-9824845-2-4
L'ultimo bacio
ISBN 978-0-9723562-3-7
Pane e tulipani
ISBN 978-0-9795031-2-2
Pinocchio
ISBN 978-0-9824845-1-7
Ricordati di me
ISBN 978-0-9795031-6-0
Romanzo criminale
ISBN 978-0-9846327-7-0
Tutta la vita davanti
ISBN 978-0-9846327-8-7

These texts divide each film into 15-to-20 minute sequences for use in class or self study to improve understanding of spoken Italian. They include comprehension exercises, grammar activities, vocabulary builders, class discussion topics and cultural readings.

For more information or to order, contact:
EDIZIONI FARINELLI
20 Sutton Place South
New York, NY 10022
+ 1-212-751-2427
edizioni@mindspring.com
www.edizionifarinelli.com